Helene Franke

Vom Memelland nach Mecklenburg

Erinnerungen an meine Kindheit und Jugendzeit

Bibliografische Information der Deutschen Nationalbibliothek:
Die Deutsche Nationalbibliothek verzeichnet diese Publikation in der
Deutschen Nationalbibliografie; detaillierte bibliografische Daten
sind im Internet über http://dnb.dnb.de abrufbar.

© 2018 Helene Franke
Herstellung und Verlag:
BoD – Books on Demand, Norderstedt

ISBN: **9783746025353**

Vorwort

Meine beruflich aktive, stark fordernde Zeit liegt schon seit vielen Jahren hinter mir und ich gehöre nun zu den Senioren. Deshalb will ich einmal zurückschauen und mich auf die zurückgelegte Strecke meines Weges besinnen. Der überwiegende Teil meiner Zeit ist bereits hindurch gerieselt in der Sanduhr des Lebens, und keiner weiß, wie viel noch kommen wird. Und das ist auch gut so. Mit zunehmendem Alter denkt man immer häufiger an vergangene Zeiten. Das ist verständlich, denn an die Zukunft können Ältere keine großen Erwartungen mehr stellen, aber im Laufe der Jahre hat sich bei ihnen eine Menge vielfältiger Erinnerungen, sowohl guter als auch schlechter Erfahrungen angesammelt. Wir haben daraus gelernt oder auch nicht. Manche Meinung korrigierten wir inzwischen, wenn neue Erkenntnisse und neues Wissen dazukamen. Es gab auch viele Begebenheiten, an die ich mich gern erinnere. Wie viele andere auch, lebt unsere Familie heute weit voneinander entfernt in verschiedenen Orten der Bundesrepublik. Wir haben nur selten längeren Kontakt miteinander, und für ruhige Gespräche bleibt wenig Gelegenheit.

Und ich habe festgestellt, dass unsere Nachkommen nur wenig über uns und unsere Herkunft wissen. Leider kann ich den Wunsch meiner Enkelin Tina nach Informationen wie z. B. einem Stammbaum nicht erfüllen, weil ich nicht über ausreichende Kenntnisse bezüglich der älteren, vergangenen Generationen verfüge und ich auch kaum Möglichkeiten sehe, mein Wissen darüber zu komplettieren.So entstand dieses Buch aus dem Wunsch heraus, meinen inzwischen zahlreichen Nachkommen einige Fragen über meine Heimat, meine Kindheit und meine Angehörigen zu beantworten. Es handelt sich überwiegend um Kindheits- und Jugenderlebnisse und auch Erfahrungen eines zum Kriegsende 11jährigen Kindes. Es fließen Gedanken und Erkenntnisse ein, die in Gesprächen mit älteren Angehörigen erworben wurden. Ich hoffe, dass meine Erzählungen einen kleinen Einblick in eine inzwischen weit zurückliegende, aber ereignisreiche und bewegte Kindheit und Jugendzeit zeigen.

Helene Franke

Wie beginne ich?

Ich wurde am 15. Februar 1934 in Memel, einer einst deutschen Stadt im äußersten Nordosten Ostpreußens, geboren, die allerdings zur Zeit meiner Geburt mit ihrem Umland, dem Memelland, Litauen angeschlossen war.

Der Anschluss war ein Ergebnis des von Deutschland verlorenen 1. Weltkrieges.

Deutschland hatte 1919 das Memelland als Reparationsleistung an die alliierten Siegermächte abtreten müssen, und so geriet es zuerst als autonomes Gebiet unter die Oberhoheit Frankreichs. 1923 jedoch wurde das Memelgebiet, ohne nennenswerten Widerspruch der Franzosen, von litauischem Militär in Zivil besetzt und dann von Litauen annektiert. Und es blieb litauisch bis 1939.

Ab 1939, ich war inzwischen fünf Jahre alt geworden, gehörten diese Stadt und ihr Umland wieder zum Deutschen Reich bis zu den territorialen Veränderungen, die sich als ein Ergebnis des von Deutschland verlorenen 2. Weltkrieges ergaben.

Nach diesem schrecklichen Krieg wurde das Memelgebiet nämlich an die Sowjetunion angegliedert, wurde ein Teil der Litauischen Sozialistischen Sowjetrepublik. Nach dem Zerfall der Sowjetunion gehört es nun endgültig zu Litauen.

Zur Zeit meiner Geburt war meine Heimatstadt zwar litauisch, wurde aber weiterhin überwiegend von den hier beheimateten Deutschen bewohnt.

Unsere Familie lebte in bescheidenen Verhältnissen. Mein Vater, Martin Cypa, stammte aus einer Fischerfamilie in Mellneraggen, einem Fischerdorf an der Ostsee, nur einen Spaziergang weit von Memel entfernt. In jungen Jahren war er auch zum Fischen mit hinausgefahren. Später, zu unserer Zeit, arbeitete er bei der Bahn in Memel.

Wir waren bereits seine zweite Familie, das heißt, er war schon früher einmal verheiratet gewesen und Witwer, als er unsere Mutter kennen lernte.

Über seine Kinder aus erster Ehe haben wir nie etwas erfahren, sie waren auch wesentlich älter als wir.

Ich war die Jüngste in unserer Familie, geboren 1934, und hatte drei Geschwister. Walter, der älteste von uns, wurde im Dezember 1927 geboren, Ruth im April 1931 und Martin im Dezember 1932. Er war nur vierzehn Monate älter als ich.

Als ich zur Welt kam, war unser Vater bereits dreiundsechzig und unsere Mutter, Edwike (auch Hedwig), geb. Mertineit, war zweiunddreißig.

Sie stammte aus Aschpurwen, einem Dorf mit Bauernhöfen, die in der Regel von den dazugehörenden Feldern umgeben waren, so dass die Höfe weit verstreut lagen und sich nachbarliche Kontakte meist nur bei Notwendigkeit ergaben, zum Beispiel, wenn Hilfe bei der Ernte benötigt wurde.

Das geschah auch regelmäßig in jedem Jahr zur Getreideernte, denn nur die wirtschaftlich besonders starken Landwirte verfügten schon über Mähbinder. Bei dem großen Teil der anderen mähten die Männer zum Teil bis in die Vierziger des letzten Jahrhunderts noch mit Sensen und die Frauen folgten ihnen und banden das Korn zu so genannten Garben oder Puppen, von denen danach jeweils etwa sechs bis acht zum Trocknen zu Hocken aufgestellt wurden.

Im Übrigen lebten und arbeiteten die Familien ziemlich abgeschieden. Abwechslung brachten die Kirchgänge und die Fahrten zum Markt und manchmal eine Einkaufsfahrt.

Die Kirche und eine Schule befanden sich im Nachbardorf Wannaggen, etwa zwei Kilometer Landweg vom Hof unserer Verwandten entfernt.

Aschpurwen lag in der Nähe zur litauischen Grenze, und so war es nicht verwunderlich, dass man dort schon immer außer deutsch auch litauisch sprach.

Unsere Mutter Edwike hatte zahlreiche Geschwister, ich vermute, sieben oder acht. Sie war eines der jüngsten Kinder der Familie. Ihre Mutter war die letzte der drei Ehefrauen unseres Großvaters.

Edwike wurde früh eine Waise. Als sie sechs Jahre alt war, starb die Mutter, und mit zwölf Jahren verlor sie auch den Vater.

Zu der Zeit hatten ihre älteren Geschwister zum Teil den Hof bereits verlassen, hatten geheiratet und lebten auf Höfen als Bauern in anderen Dörfern des Memellandes. Einer der Brüder war Schneider.

Die verheiratete Schwester Anna Füllhase und ihr Mann bewirtschafteten gemeinsam den elterlichen Bauernhof, sie hatten schon zwei Kinder und behielten nun auch noch Edwike bei sich. Für uns waren sie später Tante und Onkel Füllhase.

Auf dem Hof, den Feldern und Wiesen, im Haus und im Garten gab es immer viel zu tun. Auch Füllhases Kinderschar wurde größer. Edwike wuchs in dieser Familie mit auf und musste schon früh überall tüchtig mitarbeiten, die Kinder ihrer Schwester versorgen, wenn die Erwachsenen beschäftigt waren, und hatte kaum Zeit für andere Interessen. Sie ging gern zur Schule, da konnte sie ein Kind sein wie alle anderen.

Sie hatte noch einen jüngeren Bruder. Ihn nahm eine weitere Schwester zu sich, unsere Tante Anna Kibelka, die ebenfalls verheiratet war und mit ihrem Mann einen Bauernhof in Begeden bewirtschaftete, einem weiteren Dorf im Memelgebiet.

Leider lebte der kleine Bruder unserer Mutter dort nur kurze Zeit. Eines Abends riefen die Erwachsenen vergeblich nach ihm. Schließlich fanden sie ihn im nahe gelegenen Teich, ertrunken. Vermutlich war er beim abendlichen Füße waschen hineingerutscht, hatte sich nicht helfen können, und keiner hatte etwas gemerkt.

Nach Begeden fuhren wir selten zu Besuch, und ich habe nur spärliche Erinnerungen daran. Ich sehe dann einen blühenden Bauerngarten vor mir mit einem Bienenhaus und viele umherschwirrende Bienen, vor denen ich einen gewaltigen Respekt hatte.

Bei unseren Verwandten in Aschpurwen waren wir dagegen oft, verbrachten einen großen Teil unserer Ferien dort, wahrscheinlich zog es unsere Mutter besonders dorthin, weil es einst ihr zu Hause gewesen ist.

Wir Kinder hielten uns auch gern dort auf und spielten mit unserer Kusine Ruthchen, die drei Jahre älter war als ich.

Wir liebten die Ferien auf dem Lande. Gern suchten wir in den beiden kleinen Wäldchen von Onkel und Tante je nach Jahreszeit Himbeeren, Blaubeeren, Pilze oder auch Ostereier, je nach dem, wann wir gerade dort waren. Wir trugen so manchen Korb mit Pilzen nach Hause, wo sie von Ruthchens erwachsenen Schwestern, Else und Lena, auf Essbarkeit geprüft, geputzt und zubereitet wurden.

Zum Hof gehörte eine Sandkuhle, die nur wenige Minuten entfernt gegenüber dem Wäldchen und ganz in der Nähe des Bauernhofes der Familie Tamoschus lag.

Da konnten wir wunderbar toben und spielen. Oft fand sich auch ein Nachbarmädchen, die kleine Ruth Tamoschus ein, die unsere Stimmen von ihrem Hof aus gehört hatte und gern mitmachen wollte.

Unsere Kusine Ruthchen hatte vier Schwestern und einen Bruder, alle älter als sie: Else, Anna, Marie, Lena und Johann.

Johann, der Zweitjüngste in der Geschwisterreihe, war als einziger Sohn als Hoferbe vorgesehen. Aber es kam anders. Er wurde 1943 zur Wehrmacht eingezogen, kam gleich an die Ostfront nach Stalingrad und wurde schon bald darauf als vermisst gemeldet.

Daher sollte Else den Hof übernehmen, wenn es an der Zeit sein würde. Sie war sehr tüchtig und scheute keine Arbeit.

Anna hatte sehr früh das Elternhaus verlassen und fand in Memel in einem Geschäftshaushalt eine gute Arbeit. Später lernte sie den Eisenbahner Willi Schernus kennen. Sie heirateten und bekamen zwei Kinder, Rudi und Karin. Leider kehrte Annas Mann aus dem Krieg nicht mehr heim und sie musste ihre Kinder allein aufziehen.

Else und Lena blieben auf dem elterlichen Hof und verrichteten alle notwendigen Arbeiten auf dem Hof, in den Ställen, auf den Feldern, im Haus und im Garten mit Umsicht und großem Fleiß. Nachdem Johann Soldat geworden war, schickte man einen litauischen Fremdarbeiter, der die nötigen Männerarbeiten verrichtete.

Ruthchens Schwester Marie nahm einige Dörfer weiter in Matzken bei einem verwitweten Großbauern mit zwei kleinen Töchtern, Herrn Stonus, eine Stellung als Wirtschafterin an.

Wir selbst wohnten zur Miete in einer kleinen 2-Zimmerwohnung in Memel, im Ortsteil Bommelsvitte. Das war ein alter Stadtteil mit zum Teil sehr alten, urigen Häusern, einst entstanden aus einem Fischerdorf. Ein solches Haus befand sich auch auf dem gleichen Hof, zu dem das Haus gehörte, in dem wir lebten.

Während das alte aus dunklem Holz bestand, wie auch viele andere in der Umgebung, und ein hohes Schilfdach hatte, wohnten wir in einem aus Ziegelsteinen gebauten, verputzten Haus mit hellen Außenwänden und grün gerahmten Fenstern. Sein von uns und weiteren Mietern vorher und später wieder bewohntes 1.Stockwerk war abgerissen und danach neu aufgebaut worden, als ich etwa drei oder vier Jahre alt war.

Für die Zeit des Umbaus fanden wir Unterkunft bei einer alten freundlichen Frau unter dem Dach des alten Hauses auf dem Hof. Mir ist vor allem die hohe, steile und dunkle Treppe in jenem Haus in Erinnerung geblieben, auf der ich damals oft saß und mit Flickenpüppchen spielte.

Wir waren natürlich froh, als wir endlich wieder in die fertige Wohnung ziehen konnten. Sie war aber für die heranwachsende Familie etwas klein ausgefallen. So wurde es bald notwendig, sich nach einer größeren umzusehen.

Als Nachbarn, deren Einraumwohnung direkt neben unserer lag, ihren Umzug planten, glaubten unsere Eltern, eine Möglichkeit gefunden zu haben, unsere Wohnung zu vergrößern. Doch es kam nicht mehr dazu.

1939, als ich fünf Jahre alt war, traten erhebliche politische Veränderungen ein. Zur Freude der deutschen Bevölkerung wurde das Memelgebiet wieder deutsch.

Aber schon wenige Monate später, am 1. September des gleichen Jahres, begann mit dem Einmarsch der

Deutschen Wehrmacht in Polen der zweite Weltkrieg, der später nicht nur unserer schönen Heimat und ihren Bewohnern großes Unheil bringen sollte, sondern zahlreiche Länder in und außerhalb Europas mit Zerstörung, unendlich viel Leid und Grauen überzog und zu den schlimmsten Verbrechen der Menschheit zählt

Anfangs verlief unser Leben weiterhin in seinen gewohnten Bahnen. Unser Vater war für den Wehrdienst schon zu alt und auch nicht mehr gesund genug. Er ging weiterhin seiner Arbeit auf dem Bahnhof nach.

Unsere Mutter war an sparsames Wirtschaften gewöhnt und kam daher auch ziemlich gut zurecht, als gleich nach Kriegsbeginn Lebensmittelkarten und auch Punktkarten für Textilien eingeführt wurden. Ab sofort gab es keine Nahrungsmittel oder Kleidung mehr ohne entsprechende Abschnitte dieser Karten zu kaufen.

Der 2. Weltkrieg stand bevor und änderte alles.
Schnell waren Wohnungen sehr knapp geworden und wurden nur nach Dringlichkeit auf Antrag vergeben. Meine Eltern erhielten einen abschlägigen Bescheid, denn in vielen Städten waren schon Wohnungen durch Bomben zerstört worden; deshalb gab es viele

Familien, die noch bedürftiger waren und daher bevorzugt werden mussten.

Auch zahlreiche andere notwendige Dinge konnte man nur noch erwerben, wenn man bei einer zuständigen Behörde einen Bezugsschein beantragt hatte und den dann nach Monaten oder vielleicht Jahren auch bekam. Er konnte auch abgelehnt werden, so wie es unserem Bruder erging.

Walter hatte 1942 eine Bautischlerlehre begonnen und hatte nun einen ziemlich weiten Weg zur Arbeit. Daher beantragten die Eltern für ihn einen Bezugsschein für ein Fahrrad. Walters Vorfreude währte lange. Der Schein kam aber nie.

Wir Geschwister waren alle geboren worden, als Memel litauisch war. Unser Vater war Angestellter der litauischen Staatsbahn, und man erwartete von ihm, dass seine Kinder auch eine litauische Schule besuchen würden.

Das setzte voraus, dass bei uns nun auch zu Hause mehr litauisch gesprochen werden musste, um schulfähig zu werden. So ergab es sich, dass wir mit beiden Sprachen aufwuchsen. Das blieb so bis zu dem Zeitpunkt, als Memel wieder dem Deutschen Reich angegliedert wurde.

Ab dann gab es nur noch deutsche Schulen, und Kinder, die litauische besucht hatten, wurden in der Regel um zwei Klassen zurückgestuft. So erging es meinen Geschwistern Walter und Ruth. Nach Ostern 1939 kam Martin zur Schule. Er brauchte nicht mehr den Umweg über die litauische Schule zu machen, ebenso wie ich, die 1940 eingeschult wurde.

Jetzt sollten wir das Litauische möglichst schnell vergessen. Nur Deutsch hatte eine Rolle zu spielen. Wir mussten sehr aufpassen, denn bald bekamen wir mit, dass alle Kinder, die litauische Wörter verwendeten, verhöhnt und verspottet werden konnten. Auch zu Hause sprachen wir nur noch deutsch. Doch es gab vor allem ältere Leute, die es jetzt schwer hatten, da Litauisch ihre Umgangssprache war.
Weil wir die Sprache nicht mehr verwenden durften und ich die Schriftsprache noch nicht kennen gelernt hatte, vergaß ich sie zunehmend, was ich aus heutiger Sicht sehr bedaure. Ich hatte bis in mein zehntes Jahr manchmal noch bei den Verwandten auf dem Lande Gelegenheit, sie anzuwenden, aber mit zehn Jahren war das meiste schon vergessen.

Mein erstes Schuljahr war länger als gewöhnlich, da zu der Zeit der Beschluss umgesetzt wurde, in Zukunft das neue Schuljahr mit dem 1.September zu beginnen und nicht mehr, wie bis dahin üblich, nach den Osterferien. So kam es, dass für uns das Schuljahr wohl nach Ostern 1940 begann, aber erst vor den Sommerferien 1941 enden sollte.

Das war günstig für uns, da in dem Schuljahr ein weiterer wichtiger Beschluss verwirklicht wurde. Die Schreibschrift wurde nämlich von der bisher vermittelten Sütterlinschrift auf die lateinischen Buchstaben umgestellt.

Da dieses Schuljahr länger und somit mehr Zeit als sonst vorhanden war, vermittelte man uns beides, erst die Sütterlin-Buchstaben, danach die lateinischen. Dafür bin ich bis heute noch dankbar, denn so bin ich in der Lage, auch in der nicht mehr gebräuchlichen SchriftGeschriebenes zu lesen, was den Jüngeren nicht mehr ohne Weiteres möglich ist.

Aus politischen Gründen endete das Schuljahr schließlich doch früher als geplant.

Gegen Ende meines ersten Schuljahres wurden wir von den sich entwickelten politischen Ereignissen persönlich spürbar erfasst.

Es war wohl Ende Mai oder Anfang Juni, als plötzlich Frauen in die Haushalte kamen, um die Eltern zu überzeugen, dass es den Kindern gut tun würde, sie aufs Land zu schicken. Die Mütter sollten sofort mit den Vorbereitungen dafür beginnen.

Kurz danach wurden alle Kinder der Stadt Memel aufs Land evakuiert.

Waren Kleinkinder in der Familie, galt das für die Mütter und ihre Kinder. Schulkinder, die keine kleinen Geschwister hatten, reisten allein in großen Kindertransporten so wie auch wir vier Geschwister. Wir waren zu der Zeit Schüler im Alter von sieben bis dreizehn Jahren.

Unsere Mutter hatte die benötigten Sachen in zwei Koffer und einige Taschen gepackt und begleitete uns zum Bahnhof. Unser Vater erwartete uns schon dort. Beim Einsteigen achteten sie beide darauf, dass wir vier Geschwister auch ja zusammenblieben.

Als der Zug losfuhr, wussten weder wir Kinder noch die zahlreichen zurückbleibenden Eltern, wohin die Reise ging.

Aber warum wir wegfahren sollten, zeigte sich bald.

Die Deutsche Wehrmacht bezog in jenen Tagen Stellung an der Grenze zur Sowjetunion, und Deutschland erklärte der Sowjetunion den Krieg, der am frühen Morgen des 22.Juni 1941 begann. In den darauf folgenden Nächten fielen auch einige Bomben in Memel, die aber wohl kaum Schäden verursacht haben sollen.

Der Bevölkerung sagte man, die Kinder hätte man zu ihrem Schutz wegen möglicher Fliegerangriffe evakuiert.

Als unser Kindertransport den Kreis Osterode in Ostpreußen erreicht hatte, hielt er an jeder Bahnstation.

Dort warteten schon Leute, zum Teil mit Pferdewagen. Man hatte sie dahin beordert, um sich Stadtkinder abzuholen, die angeblich Erholung bei ihnen in der gesunden Landluft nötig hätten.

Die Leute suchten sich die Kinder aus, die sie mitnehmen wollten. Natürlich waren vor allem

Einzelkinder gefragt. Wer wollte schon drei oder sogar vier Geschwister aufnehmen?

Also wurden wir verschiedenen Leuten zugeteilt. Wir vier hatten nun ein Problem. Wir waren zwar in das gleiche Dorf gelangt, hatten aber alle vier unsere Kleidung in zwei gemeinsam genutzten Koffern.

Walter und Martin wurden zusammen bei einer Familie mit mehreren Söhnen untergebracht. Sie nahmen den großen Koffer mit.

Ruth, die für den kleineren Koffer verantwortlich war, wurde einer älteren Frau zugeteilt, die in einer kleinen Wohnung und einem davor gelegenen Dachboden gemeinsam mit ihren Lieblingen, einigen Katzen, wohnte.

Mich nahmen zwei nette Damen auf, Mutter und Tochter, die ein kleines Haus mit Garten bewohnten. Ich hatte kaum Sachen bei mir. Am nächsten Tag musste ich erst losgehen, um in dem mir völlig fremden Dorf meine Geschwister zu finden und meine Kleidung zu holen. Irgendwie schaffte ich es, auch mit Hilfe netter Dorfeinwohner.

Wir Geschwister trafen uns auch sonst so oft es möglich war. Mit unseren Gasteltern hatten wir es sehr unterschiedlich getroffen. Meine waren sehr nett und versorgten mich sehr gut, und als wir heimfuhren, bekam ich ein Kleid mit, das die Jüngere der beiden Damen mir inzwischen geschneidert hatte.

Meine Brüder erlebten Höhen und Tiefen in jener großen Familie, und es passierte wohl auch mal, wenn einer der vielen Jungs etwas verbockt hatte, dass die anderen gleich eine Abreibung mit erhielten.
Bei Ruth, glaube ich, war es so, dass sie in der Rangordnung erst hinter den Katzen stand. Aber Ruth war immer sehr bescheiden und fügte sich auch hier gut ein.

Wir alle waren froh, als es nach einigen Wochen wieder nach Hause ging. Wir hatten uns dort doch sehr fremd gefühlt. Und zu Hause erwarteten uns unsere Eltern und zu unserer Freude auch die Sommerferien.

Die Ferienzeit verging immer viel zu schnell, einen Teil davon verbrachten wir gewöhnlich zu Hause in der Stadt, den Rest auf dem Lande bei den Verwandten, meist in Aschpurwen.

Zu Hause spielten wir auf dem Hof, seltener auf der Straße, oft mit den Nachbarskindern.

Die meist sandigen, unbefestigten Straßen Bommelvittes waren nicht sehr belebt. Fußgänger und Radfahrer beherrschten das Straßenbild, manchmal sah man Pferdewagen, dagegen waren Autos und Motorräder selten.

Je größer wir wurden, desto weiter dehnten wir unsere Streifzüge in unserem Umfeld aus.

Etwa zehn Minuten entfernt von unserer Wohnung entstand in der Nähe des Sportplatzes damals gerade ein neuer Kinderspielplatz mit Sandkästen, Luftschaukeln, einer Wippe und sogar einem dicken schweren Schaukelelefanten, auf dem gleichzeitig etwa drei Kinder sitzen konnten. Derartige Spielplätze waren damals etwas ganz Neues, und wir gingen sehr gern dorthin.

Wir suchten auch gern die Einkaufstraßen in der Stadt auf, um uns die in der Kriegszeit zwar bescheidenen Auslagen in den Schaufenstern anzuschauen.

Sonntags schickten uns unsere Eltern häufig in die Kirche zur Sonntagsschule, wie der Kindergottesdienst genannt wurde, der nach dem eigentlichen Gottesdienst in den Kirchen stattfand.

Bei solchen Unternehmungen waren wir in der Regel zu dritt unterwegs, Ruth, Martin und ich. Walter fühlte sich schon zu groß, um mit uns umherzuziehen. Er hatte natürlich mit seinen gleichaltrigen Freunden schon andere Interessen und kannte unsere Heimatstadt weit besser als wir. Er wehrte sich meist, wenn wir etwas mit ihm unternehmen wollten. Es gab nur selten gemeinsame Aktivitäten.

Ich erinnere mich, dass wir alle manchmal gemeinsam zur außerhalb der Stadt gelegenen Badestelle an der Danje gewandert sind, wo wir viel Spaß beim Baden in dem kleinen Fluss hatten, und ein anderes Mal begleiteten wir Walter zur Fahrradrennbahn, wo ich das Rennen aber schrecklich langweilig fand.
Es hatte sich nicht gelohnt, dafür zu leiden. Wir waren nämlich an einem sehr heißen Tag barfuß unterwegs und meine Füße taten sehr weh, als wir in der Mittagshitze eine Abkürzung über eine sehr heiße sandige Fläche nahmen.

Am schönsten war es im Sommer immer dann, wenn es an den Strand ging.
Den Strand von Mellneraggen erreichten wir in weniger als einer Stunde zu Fuß. Dort verbrachten wir viele schöne Stunden. Ein besonderer Höhepunkt war es,

wenn der Eismann mit seinem Karren in Strandnähe kam und wir uns ein Eis kaufen durften.

Noch mehr gefiel es uns, mit dem Dampfer zur Kurischen Nehrung nach Sandkrug zu fahren.

Die Dampferfahrten waren immer Höhepunkte für uns. Auf der anderen Haffseite angekommen, erreichten wir auf einem Spazierweg durch die schöne Natur in weniger als einer halben Stunde den wunderbaren weißen Strand der Nehrung auf der Seeseite.

Diese Ausflüge machten wir meist zusammen mit unserer Mutter, und das waren für uns besonders schöne Familienerlebnisse. Stullen wurden mitgenommen, und Brause kauften wir dort und alle waren glücklich.

Einmal konnten wir sogar beobachten, wie dort, nicht weit entfernt von den zahlreichen Badenden, ein Elch angetrabt kam und sich im Wasser der Ostsee erfrischte. Danach zog er ruhig wieder von dannen.

Der herrschende Krieg und die näher kommende Front waren in jenen Tagen für uns Kinder nicht direkt spürbar, bis auf die Nachrichten über Soldaten, die an der Front gefallen waren oder die Meldungen über schlimme Bombenangriffe auf andere deutsche Städte.

In der Schule sangen wir Soldatenlieder oder Spottlieder auf den Feind, und wir bekamen in der großen Pause auch mal für unsere Gesundheit eine Tomate, eine Wrukenscheibe, ein Schälchen Sauerkraut oder anderes Gemüse mit der Bemerkung, das alles sei aus der besetzten Ukraine, und unsere Soldaten hätten dafür kämpfen müssen.

In den Nächten riss uns immer häufiger das Heulen der Sirenen aus dem Schlaf. Fliegeralarm! Das bedeutete für uns, sich schnellstens im Dunkeln anzuziehen und auf keinen Fall Licht einzuschalten, denn es durfte kein Lichtschein nach draußen dringen. Jeder nahm die ihm zugeteilte Tasche und seinen Gasmaskenbeutel, und dann eilten wir schnell die Treppe hinunter und hinaus, um einen nahe gelegenen Luftschutzkeller aufzusuchen, den wir erst wieder verlassen durften, wenn die Sirenen Entwarnung heulten. Wir konnten zwischen zwei Luftschutzräumen in unserer Nähe wählen, im Ernstfall hätten beide uns nicht wirkungsvoll schützen können

Der eine war der Keller unserer Schule. Er war geräumig und wurde daher auch bei Alarm von vielen Familien aufgesucht. Auch wir saßen manchmal darin. Doch die meisten hatten Sorge, dass wir hier nicht heil herausgekommen wären, wenn Bomben die Schule getroffen hätten, schon allein wegen der Heizungsrohre und Leitungen an der Decke.

Der zweite war ein Erdbunker und ähnelte einem Unterstand der Wehrmacht an der Front, wie man sie in Kriegsfilmen manchmal sehen kann.

In meiner Erinnerung war es ein mehrere Meter breiter, tiefer, zwölf bis fünfzehn Meter langer, gekrümmter Graben, der mit Brettern und Bohlen rundherum abgestützt und ausgekleidet und oben überdacht war. Darauf war eine dicke Schicht Erde aufgeschüttet worden. Eine Holztür führte hinein ins Innere. Dort befanden sich fest eingebaut so viele Bänke wie möglich an den Wänden. Darauf saßen wir müde und ängstlich dicht aneinander gedrängt in der muffigen und verbrauchten Luft und atmeten erleichtert auf, wenn endlich Entwarnung gegeben wurde. An der Tür hielt sich meist während des Alarms ein Luftschutzwart auf und trat nun beiseite, um uns alle wieder hinauszulassen. Wir eilten heim, froh, dass es auch diesmal gut ausgegangen war.

Ich kann mich nicht entsinnen, während des Tages Fliegeralarm erlebt zu haben. Es gab wohl mal Probealarm, und in der Schule wurden auch wiederholt

Übungen durchgeführt zum richtigen Verhalten bei Alarm.

Unter anderem mussten wir einmal nach einem Klingelzeichen so schnell wie möglich nach Hause rennen, dort die genaue Uhrzeit auf einen Zettel schreiben lassen und damit gleich wieder in die Schule zurückkommen. Wir flitzten wie noch nie auf kürzestem Wege heimwärts, denn es hieß: Wer ganz wenig Zeit benötigte, dürfte bei Alarm nach Hause und mit den Eltern gemeinsam in den Luftschutzkeller gehen. Das wollten möglichst alle erreichen. Glücklicherweise war es nicht nötig, davon Gebrauch zu machen.

An den Krieg hatte die Bevölkerung sich gewöhnt. Die Front entfernte sich in den ersten Kriegsjahren immer weiter.

Doch ab 1943 wendete sich das Blatt. Die Sowjetarmee trieb die deutsche Wehrmacht immer weiter zurück, und so näherte sich die Front mehr und mehr wieder der deutschen Grenze und damit auch unserer Stadt. Offiziell wurde zwar immer noch der baldige deutsche Endsieg propagiert, aber die Wirklichkeit zeigte sich anders.

Ab Mai / Juni 1944 begann man wieder, die Familien mit Kindern aus der Stadt zu evakuieren, diesmal überwiegend in die umliegenden Dörfer. Unsere Mutter, Ruth, Martin und ich quartierten uns vorübergehend bei unseren Verwandten in Aschpurwen ein. Der Onkel holte unser Bettzeug, die für die nächsten Monate benötigte Kleidung, Mutters Nähmaschine, eine Liege und was sonst noch gebraucht wurde, mit seinem Pferdewagen aus Memel ab.

Wir fuhren aber mit der Kleinbahn dorthin, wie immer, wenn es nach Aschpurwen ging.

Unser Vater blieb zu Hause, da er weiterhin zur Arbeit musste.

Walter war inzwischen, noch bevor er seine Lehre beenden konnte, zum Volkssturm eingezogen worden. Er und viele andere, ebenfalls erst sechzehn- oder siebzehnjährige Jungen, und zahlreiche Männer im Rentenalter mussten nun im Umland der Stadt so genannte Panzergräben ausheben, die angeblich die feindlichen Panzer am Vormarsch hindern würden, was natürlich nicht stimmte. Einige Monate später wurde die Volkssturmeinheit ohne irgendeine militärische Ausbildung in die Wehrmacht eingegliedert.

Wir waren diesmal schon Ende Mai, also vor den Ferien, in Aschpurwen gelandet. Uns Kindern war es recht, da wir uns gern dort aufhielten. Wir beendeten das laufende Schuljahr in der einklassigen Dorfschule in Wannaggen, was für uns eine ganz neue Erfahrung wurde.

Ich fand es herrlich, nun mit meinen Geschwistern und meiner Kusine gleichzeitig im gleichen Raum Unterricht zu haben. Ich war immer eine gute Schülerin gewesen. Außerdem waren wir in unserer Stadtschule im Lehrstoff schon weiter gewesen, sodass es für mich leicht war, mit Wissen zu glänzen.

In den Pausen lernten wir die neuen Mitschüler kennen. Wir spielten unter anderem gern auf dem kleinen Schulhof ein Spiel mit drei verschieden langen Hölzern, dem ich später sonst nirgends begegnet bin, dessen Regeln mir leider auch nicht geläufig sind. Sonst hätte ich es später gern meinen Schülern vermittelt.

Der Weg zur Schule war nie langweilig, denn wir waren ja zu viert. Manchmal schloss sich noch ein Mädchen aus der Nachbarschaft an. Meist war das Wetter schön, und wir hatten viel zu erzählen

Gegen Ende des Schuljahres war ich einmal für einen Tag beurlaubt. Wir hatten nämlich aus Memel einen Brief vom Schulamt erhalten mit der Einladung für mich zur Teilnahme an einer Aufnahmeprüfung für den künftigen Besuch der Mittelschule. Unsere Mutter und ich fuhren schon am Nachmittag nach Memel, so konnte ich mich auch noch mit einer Mitschülerin für den nächsten Morgen für den gemeinsamen Gang zu der uns noch unbekannten Schule verabreden. Nach der aufregenden, aber erfolgreichen Prüfung fuhren wir dann wieder zurück aufs Dorf.

Bald begannen die letzten Sommerferientage, die wir noch in unserer alten, schönen Heimat verbringen durften.
Leider war es keine unbeschwerte Zeit mehr, denn das Kriegsgeschehen nahm bedrohliche Formen an. Oft verstummten die Gespräche der Erwachsenen, wenn wir dazukamen.
Wir Kinder spürten, dass das Leben nicht mehr lange so bleiben würde wie bisher. In den warmen Nächten im Juli hörten wir bereits durch die geöffneten Fenster den Kanonendonner der immer näher rückenden Front.

Dann war es so weit.
Anfang August war unser Vater gekommen, um uns mitzuteilen, dass wir schnell nach Hause kommen müssten, weil bereits mit der Evakuierung der Memeler ins Reich begonnen worden sei. Einige unserer Nachbarn seien auch schon abgereist.

Schnell wurden die Koffer und Taschen gepackt. Am nächsten Morgen fuhren wir zum letzten Mal mit der Kleinbahn nach Memel, nachdem uns unser Onkel mit dem Pferdewagen zur Bahn gebracht hatte

In der Stadt herrschte Aufregung, denn die meisten Einwohner waren dabei, sich auf die Abreise vorzubereiten, wenn sie nicht wegen ihrer kriegswichtigen Tätigkeit am Arbeitsplatz als unabkömmlich galten und daher verpflichtet worden waren, dazubleiben.

Für die Evakuierung wurden zahlreiche Fahrgastschiffe, aber auch Eisenbahnen eingesetzt.

Es war beschlossen, dass wir mit unseren nächsten Nachbarn, der Familie Angladagies, zusammenbleiben wollten, wenn es losging.

Uns hatte man für die Ausreise mit einem der großen seetüchtigen Schiffe registriert. Davor hatten wir alle

Angst, denn man hörte immer wieder von der Gefahr für Schiffe auf der verminten Ostsee. Deshalb waren wir froh, als sich eine Möglichkeit bot, mit einem kleineren Dampfer die Stadt über das Kurische Haff in südlicher Richtung zu verlassen.

So kam es dann auch.

Am 4. August 1944 begaben wir uns mit unserem Gepäck zur Anlegestelle des Dampfers. Beim Einsteigen ging es ziemlich chaotisch zu, die Mütter waren bemüht, die Familien zusammenzuhalten. Das Gepäck wurde von jungen Soldaten auf das Schiff geworfen, so dass mancher befürchtete, seine Stücke nie wieder zu sehen. Einige Teile fielen wirklich ins Wasser und verschwanden in der Tiefe, zum Entsetzen ihrer Besitzer.

Da vorgeschrieben war, pro Person nicht mehr als dreißig Pfund Handgepäck mitzunehmen, war eigentlich alles unentbehrlich, was man eingepackt hatte.

Da unser Vater gesundheitlich nicht mehr in der Lage war, schwer zu tragen, hatte unsere Mutter die größte Last mit unserem Gepäck. Wir Kinder, nun 10, 11 und 13 Jahre alt, trugen unseren Anteil, unseren Kräften entsprechend bemessen. Um die Gepäckmenge zu begrenzen, hatten Ruth und ich je vier Sommerkleider übereinander ziehen und unsere neuen Mäntel über den Arm nehmen müssen.

Auf dem Haff wehte eine frische Brise, so dass wir es sogar in dieser Verpackung aushalten konnten.

Ich hatte andere Probleme. Zu unserer Versorgung auf dem Schiff standen mehrere große Milchkannen bereit und wir Kinder durften davon reichlich trinken. Diese frisch vom Lande kommende Milch war ungewöhnlich fett. Da es auf den Lebensmittelkarten aber für Schulkinder nur Magermilch und diese in geringer Menge gegeben hatte, vertrug ich sie vermutlich gar nicht. Jedenfalls bekam ich starke Bauchschmerzen, die etwa zwei Tage währten.

Während der Fahrt hatten wir ideales Sommerwetter. Am Südufer des Haffs erwartete ein Zug schon unseren Transport. Die Nacht verbrachten wir kurz vor Königsberg im Zug. Es gab Fliegeralarm, aber glücklicherweise fielen keine Bomben in der Umgebung.

Am nächsten Vormittag setzte sich der Zug wieder in Bewegung und brachte uns in den Kreis Heiligenbeil. Dort wurden auf jeder Bahnstation mehrere Familien abgesetzt und von da auf die einzelnen Dörfer der Umgebung verteilt.

Wir und eine Familie Jaudszims, auch aus Bommelsvitte, wurden bei einem Großbauern in Mahlendorf einquartiert. Dort wurde jeder Familie ein Zimmer im Dachgeschoss zugewiesen. Unseres war ein Durchgangszimmer, das Jaudszims immer durchqueren mussten, wenn sie ihren Raum betreten oder verlassen wollten.

Hier verlebten wir den Rest des Sommers und begannen auch das neue Schuljahr. Die einklassige Schule befand sich im Nachbardorf etwa zwei Kilometer entfernt.

Mahlendorf selbst bestand aus zwei benachbarten Großbauernhöfen und den dazugehörenden Insthäusern, in denen die für diese Bauern Arbeitenden mit ihren Familien wohnten.

Hier lernten wir weitere Memeler unseres Transports kennen, die Familien Szameitke und Kurschus, später auch Frau Ulrich mit ihren drei Kleinkindern, die alle bei dem zweiten Großbauern einquartiert waren und eng verwandt waren mit den Jaudszims.

Wir Kinder befreundeten uns mit dem etwa 14-jährigen Willi Jaudszims und lernten die 9 Jahre alte Edith Kurschus kennen. Sie wurde viel von ihren drei kleinen Geschwistern beansprucht, aber mit Willi hatten wir eine lustige Zeit, etwa, wenn wir gemeinsam im kleinen Teich in der Rinderkoppel badeten.

Unsere Mutter verabredete sich nach einigen Wochen einmal mit Frau Kurschus, Frau Jaudszims, vielleicht waren noch mehr dabei, und mit unserer früheren Nachbarin, die mit ihren beiden Mädchen und ihrer bettlägerigen alten Mutter bei einem Bauern sechzehn Kilometer von uns entfernt in einer winzigen zugigen Dachstube untergebracht worden war, zu einer Fahrt nach Memel.

Sie wollten von zu Hause Bettzeug und warme Kleidung für die Familien holen, denn der Sommer neigte sich dem Ende zu. Keiner glaubte mehr daran, dass wir bald heimfahren würden, denn die Nachrichten von den Kämpfen an der Front klangen immer bedrohlicher.

Nachdem die Frauen eine unruhige Nacht in Memel verbracht hatten, in der sie durch einen Alarm erschreckt worden waren, fuhren sie über Königsberg wieder zu uns zurück. In Königsberg war es notwendig, einen längeren Weg durch die Stadt zu gehen. Diese Strecke wurde für sie zum Albtraum, da die Stadt in der Nacht zuvor einen der schlimmsten Bombenangriffe erlitten hatte, es daher nun überall qualmte und zum Teil noch loderte und die Toten noch nicht alle geborgen waren. Die Frauen mit ihrem schweren Gepäck waren froh, als sie endlich im Zug saßen.

Den Angriff auf Königsberg hatten sogar wir bemerkt, denn der helle Schein über der Stadt war in der Ferne am Himmel auch bei uns noch zu erkennen. Wir hörten die Erwachsenen über dieses schreckliche Geschehen sprechen.

Der Herbst kam, und damit endete unsere Zeit in Ostpreußen. Eines Tages hatten sich alle, die mit unserem Transport gekommen waren, wieder mit Sack und Pack auf den Bahnstationen einzufinden.

Die Reise ging weiter.
Unterwegs versuchten wir, an Schildern, Aufschriften und geographischen Auffälligkeiten, zum Beispiel Flüssen, zu erkennen, wo wir gerade waren, denn es war nicht üblich, bei Evakuierungen den betroffenen Leuten Fahrtroute und Zielort zu nennen.
Irgendwann hatten wir dann die Weichsel und später die Oder überquert.
Unsere Eltern wussten, dass es nun nicht mehr so einfach werden würde, je wieder in die Heimat

zurückzukommen. Offiziell hieß es immer noch, dass wir in einigen Wochen wieder nach Hause kämen.

Die letzte große Stadt, die wir passierten, war wohl Stralsund. Bald danach hatten wir das Reiseziel erreicht und mussten aussteigen. Nun standen wir, etwa die Hälfte der mit unserem Transport hergekommenen Flüchtlinge, auf dem kleinen Bahnhof in Altenwillershagen, der letzten Station vor der Kleinstadt Damgarten, wo die übrigen dann auch ausgeladen wurden.

Wieder erwarteten uns Bauern mit ihren Pferdewagen. Wir stiegen auf und gelangten in ein sich an der Straße ziemlich lang hinziehendes Dorf mit zahlreichen sich ähnelnden, gepflegten Bauernhöfen, mit Gärten zur Straße hin und Viehkoppeln jeweils zu beiden Seiten. Die kombinierten Wohn- und Stallgebäude machten durch ihren pastellfarbenen Anstrich einen freundlichen Eindruck.

Nach vier bis fünf Kilometern endete die Fahrt. Wir waren in Ahrenshagen angekommen und hatten den Gasthof Carlsson erreicht, der fürs erste als Aufnahmelager für uns alle dienen sollte. Der ganze Boden des Saales war mit einer Schicht Stroh ausgelegt, darauf versuchten nun die Familien, sich mit ihren mitgebrachten Decken und Kissen eine Lagerstatt zu schaffen, die als vorübergehende Bleibe für Tag und Nacht dienen sollte, bis wir eine bessere Unterkunft bekommen würden.

Leider hatten wir nicht schnell genug reagiert, um uns einen der günstigeren Plätze an den Wänden zu organisieren. Unser Platz im mittleren Bereich war sehr ungünstig. Wir fühlten uns ständig von allen Seiten beobachtet. Auch nachts kamen wir nicht wirklich zur Ruhe, denn es war ein ständiges Kommen und Gehen der Leute, die die Toiletten aufsuchten, und manche stolperten dabei sogar im Dunkeln über unser Schlaflager.

Verpflegt wurden wir regelmäßig mittags mit Suppe, morgens und abends mit Stullen und Tee oder einer Schrotsuppe.
Die Gemeindeverwaltung bemühte sich, den Saal so schnell wie möglich wieder zu räumen. Die Bauern wurden verpflichtet, Zimmer für die Flüchtlinge zur Verfügung zu stellen. Bevor wir eintrafen, hatten die Dörfer auch schon wegen der Fliegerangriffe Evakuierte aus den Großstädten, zum Teil schon Ausgebombte, aufnehmen müssen.

Das alles war aber erst der Anfang.

In den folgenden Monaten füllten sich die Dörfer mit immer mehr Menschen, die ihre Heimat fluchtartig verlassen mussten. Darunter waren zahlreiche Verwandte der Dorfbewohner, die Aufnahme fanden. Am Ende hatte wohl jeder Bauer etwa zwei Familien aufgenommen, das bedeutete auch für ihre eigenen Familien eine enorme Einschränkung.

Wir hatten wohl zwei bis drei Tage im Gasthof zugebracht, währenddessen besonders die Familien mit Kleinkindern im Dorf untergebracht worden waren. Dann endlich bot man uns eine Bleibe auf dem Grundstück der Molkerei des Ortes an.

Froh, das Massenquartier nun verlassen zu können, kamen wir dort an. Der Anblick unseres künftigen Heims war ernüchternd, aber wir fanden uns damit ab in der Überzeugung, dass wir auch hier nur für kurze Zeit bleiben würden.

Wir fünf Personen hatten nur einen Raum von etwa sechzehn Quadratmetern zur Verfügung. Hierin lebten wir, kochten, schliefen oder gingen anderen Beschäftigungen nach. Andere Flüchtlinge lebten genau so beengt.

Unsere Behausung war nie zum Wohnen benutzt worden, sondern hatte bis dahin als Labor für Milchkontrollen gedient und war entsprechend ausgerüstet. Es gab keinen Flur vor dem Raum. Wir kamen direkt auf den Hof, wenn wir hinausgingen.

Das Fenster war so, wie es in Fabriken üblich war: zwölf kleine Glasscheiben, von denen die beiden in der Mitte sich öffnen ließen, umgeben von einem Rahmen aus Eisen.

In einer Ecke dieser Behausung befand sich ein alter gusseiserner, so genannter Kanonenofen, der nach dem Beheizen mit Holz und Kohlen oder Briketts schnell Wärme verbreitete, aber ebenso schnell wieder abkühlte, wenn er nicht ständig neu mit Feuerung versorgt wurde.

In den Winternächten froren wir, und auf der Außenwand bildete sich eine Eisschicht.

Der Fußboden war aus Ziegelsteinen gemauert und kühlte zusätzlich. Als Einrichtung fanden wir ein Bett für die Eltern vor, einen Strohhaufen an der Wand, gedacht als Schlafplatz für uns drei Kinder, einen schmalen Tisch und einige Stühle. Außerdem befand sich an der schmalen Wand gegenüber der Tür fest angebracht ein Ablagebrett.

Die Molkereibesitzerin Frau Biedermann, unsere Hauswirtin, bemühte sich, unsere Lage erträglicher zu gestalten, was aber nur begrenzt möglich war. In ihre eigene Wohnung hatte sie bereits ihre Schwester aus Berlin, eine weitere vierköpfige Berliner Familie und außerdem drei schulpflichtige Mädchen, Geschwister aus Stralsund, aufgenommen, alle auf Grund der Bombardierungen ihrer Städte. Auch der derzeitige Betriebsleiter, der die sich im Kriegsdienst befindenden Söhne im Betrieb vertrat, wohnte dort. Da war wirklich kein Platz mehr für uns.

Als erstes organisierte Frau Biedermann für uns einen alten Kleiderschrank und ein Kinderbett, für das wir eigentlich schon längst zu groß waren. Nun schliefen Martin und ich abwechselnd darin. Für die herausragenden Beine stellten wir einen Stuhl neben das Fußende. Das konnte nur eine Notlösung sein, die sich aber leider über mehrere Monate hinzog.

Im Mai 1945, nach Kriegsende, erhielten wir endlich ein Doppelstockbett, das bis dahin Schlafplatz ausländischer Kriegsgefangener gewesen war. Nun konnten wir endlich in Betten schlafen. Was für eine Verbesserung!

In jener Zeit des Mangels an allen Gebrauchsgütern wurde viel improvisiert, denn viele Menschen hatten alles verloren, aber es gab kaum etwas zu kaufen, da die Wirtschaft am Boden lag.

Eines Tages wurde unser Ofen, der zum Kochen wenig und zum Backen gar nicht geeignet war, durch einen kleinen Kohlenherd aus Aluminium ersetzt, einer Nachkriegsproduktion. Wie früher üblich, hatte er oben eine Eisenplatte mit Ringen, die je nach Topfgröße herausgenommen oder eingelegt werden konnten, so dass der Topf direkten Kontakt zum Feuer hatte. Sogar eine kleine Bratröhre befand sich darin. Nun wurde das Kochen etwas leichter. Doch später in der kalten Jahreszeit stellte sich heraus, dass dieser Herd nicht in der Lage war, den Raum genügend zu erwärmen. Es wurde ein kalter Winter, draußen und drinnen.

Im nächsten Sommer wurde dieser Herd durch einen fachgerecht aus Ziegelsteinen gemauerten ersetzt. Er war größer und zum Kochen und Backen besser geeignet, doch im folgenden Winter froren wir genauso wie vorher, denn die Hartbrandsteine gaben keine Wärme in den Raum ab. Ständig hatten wir kalte Füße. Wenn wir zu Hause waren, verbrachten wir Kinder die

Zeit meistens auf dem oberen Doppelstockbett, weil es da am wärmsten war.

Wenn ich daran zurückdenke, kann ich es selbst kaum glauben, dass dieser Raum mehr als vier lange Jahre unser zu Hause gewesen ist. Ich war immer froh, zur Schule gehen zu können, da vergaß ich für einige Stunden den trostlosen Zustand. Vielleicht war ich auch deshalb so stark zum Lernen motiviert.

Zum Kriegsende fiel der Unterricht nach den Osterferien vollkommen aus. Erst im Oktober begann er wieder, allerdings anfangs nur jeden Morgen ein bis zwei Stunden mündlich, auf dem Schulhof stehend, da in den Klassenräumen noch Getreide gelagert wurde. Als endlich wieder im Schulhaus unterrichtet werden konnte, fehlte es an Brennmaterial für die Kachelöfen, und wir wurden angewiesen, täglich ein Stück Brennholz oder Brikett mitzubringen.

Oft gingen wir sonntags in die Ahrenshagener Kirche, die durch den Zuwachs an Flüchtlingen meist recht voll war.

Besonders gefiel es uns natürlich an Feiertagen wie Weihnachten. In der Adventszeit traten wir auch als Schülerchor oben auf der Empore auf.

In unserer bescheidenen Behausung fiel das erste Weihnachtsfest besonders dürftig aus. In einem großen Konservenglas hatten wir Tannenzweige zu einem Strauß arrangiert, den wir aus Mangel an richtigem Weihnachtsbaumschmuck mit Pappbildchen behängt hatten, auf denen Weihnachtskerzen abgebildet waren. Diese Bildchen gab es damals in Damgarten als Weihnachtsschmuck zu kaufen. Mit einigen Wattebällchen vervollständigten wir unseren Weihnachtsstrauß. Da saßen wir nun davor und sangen wie auch zu Hause unsere Weihnachtslieder und waren voller Wehmut in Gedanken immer wieder in unserer fernen Heimat und bei unserem damals knapp siebzehnjährigen Bruder, der von der Kurischen Nehrung aus mit seinen Kameraden unsere Heimatstadt verteidigen sollte.

An Geschenke war kaum zu denken. Unsere Mutter hatte uns aber aus Wollresten bunte Mützen und Handschuhe gestrickt, die wir nötig brauchten. Darüber freuten wir uns.

Plötzlich stand Frau Biedermann am Weihnachtsabend in der Tür mit einer mit einem Tuch zugedeckten Schüssel. Sie bestaunte unseren seltsamen Kerzenschmuck am Weihnachtsstrauß und beschenkte uns mit selbstgebackenen Pfeffernüssen und einer wunderbaren Leberwurst. Das war für uns alle die schönste Weihnachtsüberraschung in jener traurigen Zeit. Auch in den folgenden Jahren bedachte sie immer alle auf ihrem Grundstück wohnenden Flüchtlingsfamilien zu Weihnachten mit leckeren nahrhaften Überraschungen, wie z.B. selbstgebackenen Weihnachtsstollen, einem Stück Butter, Wurst oder Käse.

Im August 1946 starb nach längerer Krankheit unser Vater. Für ihn war die Zeit in Ahrenshagen sehr bitter gewesen. Er vermisste unsere Heimat besonders stark und fühlte sich wohl in Ahrenshagen sehr überflüssig. Er sprach immer weniger. Entweder saß er am Fenster und beschäftigte sich mit seiner kleinen Bibel, in der er las und häufig in kleinster Schrift mit einem Bleistiftstummel Randnotizen eintrug, oder er machte sich auf den mehrere Kilometer langen Weg zum Wald, von wo er dann regelmäßig ein Bündel Brennholz mitbrachte.

Auch unsere Konfirmationen in den Jahren 1946, 1947 und 1948 erlebten wir in diesem armseligen Quartier. Martin war 1947 dran. Jener Frühling ist uns besonders in Erinnerung geblieben.

Der Winter war sehr hart und schneereich gewesen.

Als das Tauwetter einsetzte, konnte das Wasser nicht schnell genug abfließen oder versickern. Die Folge war, dass in kurzer Zeit der Molkereihof komplett überschwemmt war mit einer Wasserhöhe von etwa dreißig bis vierzig Zentimetern.

Da sich unser Fußboden ungefähr auf gleicher Höhe mit dem Hof befand, floss das Wasser zu unserem Entsetzen auch in unsere Stube und blieb da etwa eine Woche lang. Es reichte genau bis unter den unteren Bettrand.

Wir errichteten aus Brettern Stege auf Ziegelsteinstapeln, um uns im Raum fortbewegen zu können. Aufhalten konnten wir uns nur auf den Betten.

Walter, der zu dieser Zeit bei einem Bauern arbeitete, musste alles erledigen, wozu man hinausmusste.

Um zur Toilette zu gelangen, stiegen wir aus dem Fenster, da ein ganz schmaler Streifen an der Hauswand fast frei von Wasser war, und suchten uns einen Pfad an der Stallwand entlang.

Zur Schule gingen wir in jener Woche nicht.

Als Martin zur Prüfung wegen seiner bevorstehenden Konfirmation zur Kirche sollte, trug Walter ihn bis zur Straße, damit Martin mit trockenen Füßen bei der Kirche ankam.

Auf der gegenüberliegenden Seite des Hofes lebten zwei weitere heimatvertriebene Familien, das Ehepaar Witteck aus Niederschlesien mit sieben Kindern und Frau Schulz mit vier Söhnen. Sie waren durch das Wasser draußen auch eingeschränkt, ihre Räume aber waren trocken geblieben, da sie höher lagen. An den Abenden drängten wir uns alle an den jeweiligen Fenstern zusammen, so gut wir Platz fanden.

Die sehr musikalische Familie Witteck begann, Volkslieder, Heimatlieder oder Schlager zu singen, und wir stimmten alle mit ein. Es war schon merkwürdig, wenn im Angesicht der Überschwemmung auf dem Hof in der Dämmerung das Lied „Wenn bei Capri die rote Sonne ins Meer versinkt..." ertönte.

Unter unseren Mitschülern hatte es sich schnell herumgesprochen, dass wir auf unserem „Wassergrundstück" das Haus nur durch das Fenster verlassen konnten, was natürlich große Erheiterung auslöste.

Genau am Sonnabend vor Martins Konfirmation verzog sich das Wasser zu unserer Erleichterung vollständig. Wir konnten trockenen Fußes die Kirche aufsuchen.

Das Fest zu Hause bestand in einem einfachen schmackhaften Mittagessen und einem Kuchen am Nachmittag, den uns Frau Biedermann spendierte. Es war nicht möglich gewesen, irgendetwas zusätzlich vorzubereiten. Wir waren froh, wieder sauber im Trockenen zu sitzen.

1948 wurde ich konfirmiert. Wir gingen davor - wie üblich - ein Jahr lang wöchentlich einmal zum Konfirmandenunterricht, der in der Kirche stattfand. Der Weg dahin war nie langweilig, da wir unterwegs

Mitschüler trafen und so Gelegenheit für Späße und Unterhaltung hatten. Im Winter gab es unterwegs auch mal eine Schneeballschlacht oder eine Waschung mit Schnee.

Da die Kirche nicht beheizt war, gab es manchmal eine Pause zum Aufwärmen. Zu diesem Zweck sollten wir eine Runde um die Kirche laufen oder, wenn das Wetter zu ungünstig war, liefen wir in der Kirche fröhlich um die Bänke.

Schnell war das Jahr vergangen, und der bedeutende Tag musste vorbereitet werden, besonders bezüglich der Kleidung. Es gab ja fast nichts zu kaufen.

Für Ruths Konfirmation war ein schwarzes Kleid aus einem noch vorhandenen schwarzen Kleid unserer Mutter und einer litauischen Trachtenschürze, schwarz/schwarz in sich gemustert, geschneidert worden. Als Martin dran war, verkleinerte man den schwarzen Anzug unseres verstorbenen Vaters.

Jetzt war ich dran. Ruths Kleid war mir zu kurz, aber es fand sich irgendwie etwas schwarzer Stoff. Also wurde im Rockteil ein Streifen davon eingesetzt. So etwas war damals nicht ungewöhnlich.

Größere Sorgen bereiteten meine Schuhe. Ich hatte meine letzten mit zehn Jahren bekommen und trug sie immer noch, obwohl sie eigentlich nicht mehr passen konnten. Sie waren immer wieder notdürftig von einem hilfsbereiten Memeler Schuster, Herrn Jaudszim, repariert worden, sahen nun aber auch dementsprechend aus. Eine liebenswürdige Memeler Schneiderin, die mit viel Geschick für uns und andere nähte, zum Beispiel auch unser schwarzes Kleid, war so nett, mir für meinen wichtigen Tag ihre Pumps leihweise zur Verfügung zu stellen.

Mit einem Stück Butter, das damals auf dem Schwarzmarkt zwanzig Mark wert war, erwarb unsere Mutter noch ein Paar Seidenstrümpfe für mich, die ich später hütete wie ein rohes Ei, da solche Strümpfe gewöhnlich sehr schnell Laufmaschen bekamen.

Aus meinem blauen Mantel, den ich bei der Abreise aus Memel auf dem Arm tragend mitgenommen hatte, war ich längst herausgewachsen. Also wurde er jetzt aufgetrennt, flauschiger brauner Futterstoff aus einer Herrenjoppe, die keinem passte, dazugegeben, und unsere fleißige Schneiderin zauberte daraus mit viel Geschick einen Mantel für mich, der mir noch mehrere Jahre gute Dienste leistete.

Nun ging auch meine Schulzeit in Ahrenshagen dem Ende entgegen.

Martin hatte nach seiner Schulentlassung bei einem Kleinbauern, der eine Hilfskraft brauchte, da dessen Sohn und Tochter eine mehrjährige Freiheitsstrafe verbüßten, Arbeit gefunden. Das Vergehen der beiden hatte allein darin bestanden, dass die Tochter sich mit fünfhundert Eiern auf den Weg nach Westberlin gemacht hatte, sicher um dafür Dinge zu erstehen, die es bei uns in der Ostzone damals nicht gab. Und da der Bruder sie zum Bahnhof begleitet hatte, wurde er für ebenso schuldig befunden. So etwas kam immer wieder vor. Leider gab es auch zu jener Zeit Menschen, die sich wohl Vorteile versprachen, wenn sie andere verrieten.

Martin hatte sein Bett auf dem Dachboden des Bauern. Im Winter war es da eisig kalt. Um sich waschen zu können, musste er morgens erst das Eis in der Schüssel zerschlagen. Für seine Arbeit bekam er sein Essen und 15 Mark Lohn im Monat

Unsere Ruth arbeitete, nachdem sie die Schule beendet hatte, zuerst als Hilfskraft in der Molkerei und später im Haushalt der Molkereibesitzerin. Da verdiente sie zwanzig Mark monatlich.

Walter hatte auch nicht viel, er war Umschüler in Stralsund, das heißt, er erlernte nun in verkürzter Lehrzeit den Beruf des Bootsbauers, da er auf Grund der Kriegseinwirkungen seine erste Lehre als Bautischler zu Hause nicht hatte beenden können. Das wenige Geld, das Umschüler bekamen, reichte gerade für ihren eigenen Unterhalt.

Unsere Mutter hatte im Käsekeller der Molkerei Arbeit gefunden, aber jeweils nur vom Frühjahr bis zum Herbst, wenn reichlich Milch angeliefert wurde. Ihr Verdienst musste auch für die verbleibenden Monate des Jahres reichen.

Aber was sollte ich nun nach meiner Schulzeit machen? Ausbildungsplätze gab es im Dorf nicht. Arbeit hätte ich vielleicht bei einem Bauern im Dorf für wenig Geld für Stall- und Feldarbeiten gefunden, solange jemand gebraucht wurde.
So wollte ich mir meine Zukunft nicht vorstellen.
Wie sollten wir unter diesen Umständen jemals wieder einen normalen Lebensstandard erreichen? Da meine Lernleistungen recht gut waren, empfahl unser Lehrer unserer Mutter, dass ich die Oberschule in Barth besuchen sollte.

Ich hatte sofort Interesse dafür, aber für meine Mutter war das unvorstellbar, denn sie wusste, wie schwer es sein würde, mich mit unseren begrenzten Mitteln mit allem Notwendigen auszustatten.

Ich sah ein, dass ich nach einer anderen Möglichkeit suchen musste. Aber nirgends gab es Arbeits- oder Ausbildungsmöglichkeiten, die mich vorangebracht hätten. In den umliegenden Städten brauchte ich es gar nicht zu versuchen, denn es gab dort keine Wohnmöglichkeiten ohne Beziehungen, und täglich mit dem Zug hin- und zurückfahren konnte ich nicht, da nur wenige Züge fuhren, und diese auch nicht zu den passenden Zeiten.

Diese Tatsache führte dazu, dass sich der künftige Besuch der Oberschule in Barth doch als der beste Weg erwies, denn dort gab es sogar ein Internat für alle Schüler dieser Schule, die aus entfernt liegenden Dörfern kamen. Für die Internatskosten und ein kleines Taschengeld von fünfzehn Mark reichte das Stipendium, das ich erhielt. Außer mir entschlossen sich aus unserer Klasse noch zwei Jungen, Werner S. und Helmut S. und ein Mädchen, Friedhilde L. für diesen Bildungsweg.

Im September 1948 begannen wir mit großem Eifer das 9. Schuljahr in der Oberschule in Barth. Die Anforderungen waren hoch, aber wir brachten aus unserer Dorfschule gute Grundlagen mit, so dass es gut zu schaffen war. Wir wollten vorankommen.

Die Niveauunterschiede in den Klassen mit den Kindern aus der Stadt waren natürlich nicht so groß wie in den Klassen mit Landschülern.

Wir waren Schüler mit sehr unterschiedlichen Vorkenntnissen aus kleinen und größeren Dorfschulen, in denen zwar nach dem gleichen verbindlichen Lehrplan unterrichtet werden sollte, was schier unmöglich war, da kaum eine dieser Schulen die notwendigen Voraussetzungen dazu erfüllte. Zum Beispiel fehlten nicht nur Lehrmittel, um den Unterricht in allen Fächern qualitativ zu sichern, sondern verfügten die Landschulen auch nicht über die benötigten Fachlehrer. Früher hatte es keinen Sprachunterricht an solchen Schulen gegeben. Nun sollten aber Russisch und Englisch vermittelt werden, was ohne Fachlehrer nicht möglich war.

Alle Schüler und Schülerinnen unserer neuen Klasse kamen aus Dörfern und waren deshalb im Internat untergebracht, das sich knapp zwei Kilometer von der Schule entfernt am Stadtrand befand.

An das Internatsleben gewöhnten wir uns schnell. Es gab feste Hausregeln, die unbedingt einzuhalten waren. Die Internatsleiterin führte ein strenges Regiment. Unterstützt wurde sie in ihrer Arbeit zeitweilig durch unseren Klassenlehrer, der damals auch im Internat wohnte.

In unserem Zimmer wohnten außer mir noch zwei Mädchen. Friedhilde kam auch aus Ahrenshagen, wo sie mit ihrer Mutter und zwei Schwestern vorübergehend bei einer Verwandten lebte, da ihre Heimatstadt Stuttgart Ziel von Bombenangriffen geworden war. Wir waren eng befreundet. Doch nach den Herbstferien im 10. Schuljahr kam sie nicht mehr zurück. Sie hatte erfolgreich die innerdeutsche Grenze illegal in Richtung Heimat passiert. Einige Jahre schrieben wir uns noch Briefe.

Die zweite Mitbewohnerin Hildegard kam aus Tribohm, ihre Heimatstadt war Stettin. Wir alle drei verstanden uns gut und unterstützten uns gegenseitig bei den Hausaufgaben und hatten auch viel Spaß miteinander.

Nachmittags gab es feste Hausaufgabenzeiten, die oft nicht ausreichten, sodass wir auch abends noch damit zu tun hatten. An Aufsätzen saßen wir mitunter auch am Sonntag.

Nach Hause fahren durften wir in der Regel nur etwa alle drei Wochen einmal und in den Ferien. Die Wege zum Bahnhof waren immer sehr anstrengend, denn keiner trug das Gepäck für uns. Es handelte sich immerhin um Kleidung und Wäsche, einschließlich Bettwäsche, für drei Wochen. Koffer und Taschen waren schwer, und mein Weg war weit. In Barth waren es mehr als 2 km bis zum Bahnhof und ab der Bahnstation Altenwillershagen noch mehr als 3 km. Das nahmen wir alles gern in Kauf, wussten wir doch, dass wir nur, weil wir im Internat sein durften, die Möglichkeit hatten, eine Oberschule zu besuchen.

Wir wurden den damaligen Möglichkeiten entsprechend gut versorgt.

Wenn wir zum Schuljahresbeginn im Internat ankamen, fanden wir in einem Raum im Erdgeschoss einen großen Strohhaufen vor, und jeder hatte für sein Bett einen Strohsack zu füllen. Hier zeigte das Sprichwort Sinn: Wie man sich bettet, so schläft man. Ich machte die Erfahrung, dass nur ein sehr sorgfältig und sehr gleichmäßig gestopfter Strohsack bequem ist. Das

erste Mal hatte es nicht gleich so gut geklappt. Ich erfuhr, wie schwierig es ist, später nachzubessern.
Einige Eltern brachten ihren Kindern Matratzen von zu Hause.

Die Einrichtung unseres Zimmers war bescheiden, sie bestand aus drei Betten, einem Tisch und drei Stühlen. Statt Nachttisch befand sich über jedem Bett eine kleine Nische in der Wand, die wir dekorativ gestalteten konnten, wo man ein Buch, die Brille oder eine Uhr ablegen konnte. Ein Waschbecken war im Zimmer auch vorhanden, wenn auch nur mit kaltem Wasser.
Für unsere Sachen war im Eingangsbereich des Zimmers ein Wandschrank installiert, den wir gemeinsam nutzten, und darüber ein großes Kofferfach, das von einer Zimmerwand bis zur gegenüberliegenden verlief, dort jewells nur eine hölzerne, leicht herausnehmbare Zwischenwand zum Kofferfach des nächsten Zimmers hatte. So setzte sich dieses System in allen nebeneinander liegenden Räumen fort. Die Zwischenwände waren schon längst von irgendwelchen Vorgängern gelockert worden, so dass sich einige Mädchen den Spaß erlaubten, plötzlich im Kofferschrank des Nachbarzimmers zu

erscheinen. Das gab jedes Mal viel Spaß und Aufregung, konnte auch zu Streit führen.

Im Internat verlief der Tag nach einem festen Plan. Zum Wecken ertönte morgens im Flur ein Gong, der im Tagesverlauf auch die Zeit zum Essen ankündigte. Das war zweckmäßig, denn damals verfügten die meisten von uns nicht über eigene Uhren, so ging es auch mir. Vor dem eigentlichen Wecken war für die Mädchen jeweils eines Zimmers abwechselnd eine Woche lang Küchendienst angesagt. Das bedeutete, anfangs für rund sechzig, im zweiten Jahr schon für etwa neunzig Schüler Brot zu schneiden, sparsam mit etwas Butter oder mit Marmelade zu bestreichen, manchmal gab es auch ein wenig Wurst oder Käse. Wir bemühten uns immer, für die Tische der Jungen dickere Scheiben als für die Mädchen bereitzustellen. Jeder von uns hatte Anspruch auf zwei Schnitten. Wer davon nicht satt wurde, konnte noch eine Schrotsuppe essen, die wir Kleiesuppe nannten und die auch so schmeckte.

Das Brotschneiden erfolgte mit einem alten Ungetüm von Schneidegerät, wie ich es zuvor und auch danach nie wieder gesehen habe. Ich befürchtete immer, mich damit einmal ernsthaft zu verletzen.

Wir hatten auch die Tische im Speisesaal zu decken. Die Frühstückssuppe für alle, die sonst nicht satt wurden, stellte danach das Küchenpersonal dazu.

Nach dem gemeinsamen Essen, wobei durch die Leiterin immer darauf geachtet wurde, dass manierlich in guter Sitzhaltung gegessen wurde, räumten wir unsere Zimmer auf. Das war wichtig, denn die Ordnung wurde häufig kontrolliert und bewertet. Ständig gab es Wettbewerbe für Sauberkeit und Ordnung. Nun konnten wir uns auf den etwa zwei Kilometer weiten Schulweg begeben. So waren wir jeden Tag auch ausreichend an der frischen Luft.

Zum Mittagessen kamen wir alle hungrig wieder im Internat an. Mit den vorhandenen Mitteln stellte man uns ein ausreichendes, meist auch schmackhaftes Essen zur Verfügung. Wir hatten alle die Kriegs- und Nachkriegszeit erlebt und waren bezüglich des Essens nicht verwöhnt.

Am Nachmittag gab es feste Hausaufgabenzeiten, an die wir uns zu halten hatten. Ausnahmen waren Veranstaltungen in der Schule. Mittwochs aber war nachmittags frei. Oft reichte die festgelegte Zeit gar nicht, um die Hausaufgaben zu erledigen, und wir saßen auch noch nach dem Abendessen daran.

Abends hatten wir Freizeit. Wer das Haus verlassen wollte, musste sich bei der Heimleitung abmelden und sich pünktlich vor der Nachtruhe um 21.30 Uhr zurückmelden.

An den Wochenenden, die wir im Internat verbrachten, hatten wir reichlich Zeit, um uns besser kennen zu lernen und die Stadt und die nähere Umgebung zu erforschen, aber zu den Mahlzeiten und selbstverständlich zur Nachtruhe mussten wir uns pünktlich einfinden.

Die Sonntagabende im Internat haben wir sehr genossen. Da ging es in der Regel immer lustig zu. Die Geburtstagskinder der vergangenen Woche durften nämlich bestimmen, was an diesem Abend geschehen sollte, ob gemeinsam Gesellschaftsspiele gemacht oder ein Tanzabend veranstaltet werden sollte.

Die wenigen Befürworter von Spielen hatten keine Chance, sie wurden immer überredet, einem Tanzabend zuzustimmen. So hatten wir oft Gelegenheit zum Tanzen und hatten viel Spaß dabei. Zuerst tanzten wir zur Musik eines alten schadhaften Grammophons, das nur funktionierte, wenn die Schallplatte mit dem Finger gedreht wurde. Einige Jungen, die Instrumente spielen konnten, bildeten zu unserer Freude schon bald eine Schülerkapelle, deren Musik uns begeisterte.

Wir hatten damals keine Gelegenheit, Tanzkurse zu besuchen, lernten da aber voneinander so zu tanzen, dass wir uns auch später ohne Scheu auf der Tanzfläche bewegen konnten.

Schulfeste wurden nur selten veranstaltet. Besonders gern erinnere ich mich an einen Fasching in der Aula, an dem auch unsere Lehrerinnen und Lehrer interessant kostümiert erschienen waren, was uns sehr beeindruckt hat.

Auch bei diesem Fest spielte eine Schülerband, zu der Hänschen aus unserer Klasse gehörte. Er war etwas ganz Besonderes und wurde von allen verwöhnt.
Er kam täglich auf dem Fahrradgepäckträger seines jüngeren Bruders aus einem Nachbardorf zur Schule Er war nämlich kleinwüchsig, aber wohlproportioniert, sehr pfiffig und hatte mit achtzehn Jahren etwa die Größe eines zweijährigen Kindes. Er war sehr redegewandt, gesellig und musikalisch. Er spielte Saxophon, Schlagzeug und Klavier, und wenn kein Lehrer in der Nähe war, steppte er auch mal in der Aula auf dem Flügel.

Im Unterricht saß er natürlich immer vorn.

Wenn er an die Tafel gerufen wurde oder an der Chemietheke etwas demonstrieren sollte, stellte sein Banknachbar ihm einen Stuhl bereit und hob ihn meist auch hinauf .

Ich bedauerte sehr, dass ich nach dem 10. Schuljahr auf Wunsch unserer Mutter die Schule verlassen musste. Leider war unsere Familie wirtschaftlich und finanziell in einer so schwierigen Lage, dass ich mir eine so lange dauernde Ausbildung mit Abitur und Studium oder Berufsausbildung verständlicherweise gar nicht leisten konnte. Wie gern hätte ich damals bis zum Abitur weitergelernt!

Im Sommer 1950 verließ ich endgültig die Oberschule. Das wurde mir etwas erleichtert durch die Tatsache, dass eine Reihe weiterer Schüler und Schülerinnen zur gleichen Zeit oder wenige Wochen später ebenfalls die Schule verließen, mit dem Vorsatz, möglichst bald eine Berufsausbildung beginnen zu können.

Als ich nun wieder zu Hause war, versuchte ich ernsthaft, irgendeine Lehrstelle zu bekommen. In Ahrenshagen gab es so gut wie keine Ausbildungsbetriebe, also probierte ich es schriftlich und zum Teil auch persönlich in den umliegenden

Städten Barth, Stralsund, Damgarten und Ribnitz, leider ohne Erfolg, obwohl ich für verschiedene Berufszweige offen war .

Es gab mehrere verständliche Gründe für die Absagen. Einerseits bewarben sich genügend junge Leute, die in diesen Städten wohnten, um eine Lehre in den örtlichen Betrieben. Außerdem war es nicht möglich, in den mit Flüchtlingen überfüllten Städten, Wohnraum für Lehrlinge von außerhalb zu beschaffen. Täglich mit dem Zug zur Arbeit bzw. Ausbildung zu fahren, wäre auch nicht machbar gewesen, da die Fahrzeiten der wenigen damals eingesetzten Züge nicht mit den Arbeitszeiten zusammenpassten.

So hatte ich nun gar nichts, weder Schule, noch Ausbildung.

Dass Frau Biedermann mir anbot, mir monatlich 5 Mark zu verdienen, indem ich in der Molkerei täglich vormittags die leeren Milchkannen der Bauern vom Kannenkarussell abnahm, brachte mir zwar rund zwei Stunden Beschäftigung täglich, löste mein Problem aber nicht.

Im Herbst besuchte ich eines Tages ziemlich frustriert meine noch an der Schule verbliebenen Mitschülerinnen im Internat. Einige eröffneten mir, dass sie nun auch die Schule verlassen würden, da sie sich für eine Lehrerausbildung beworben hatten, die im Januar 1951 in Putbus beginnen sollte. Sie begeisterten mich dafür, mich auch schnellstens zu bewerben, was ich dann auch tat. So hatte ich endlich die Weichen für meine Zukunft gestellt.

Schon bald erhielt ich eine Einladung, zur Aufnahmeprüfung in Stralsund zu erscheinen, die ich ohne Schwierigkeiten absolvierte.

Damals wurden Lehrer sehr dringend gebraucht. Da im Ergebnis des Krieges sehr viele Flüchtlingskinder, vorwiegend aus den deutschen Ostgebieten hinzugekommen waren, waren die Schulen überfüllt, und es kam schon mal vor, dass mehr als fünfzig Kinder in einer Klasse unterrichtet wurden.

Für so viele Schüler reichten die Lehrer nicht aus. Ein Teil von ihnen war im Krieg gefallen. Andere durften nicht mehr unterrichten, da sie der Nazipartei angehört oder in der Hitlerzeit wichtige partei- und staatsnahe Tätigkeiten ausgeübt hatten.

Kurz nach dem Krieg setzte man Abiturienten ein, die schnell in Vier-Wochenkursen auf ihre Aufgaben vorbereitet wurden. Das konnte natürlich nur eine Notlösung sein. Wir hatten zeitweilig in Ahrenshagen

Unterricht bei solch einer Junglehrerin, die sehr engagiert war, der unsere Jungen leider trotzdem das Arbeiten sehr schwer machten.

Seitdem waren ja schon einige Jahre verstrichen und die Ausbildung war schon wieder gründlicher und umfangreicher geworden. Wir wurden am Institut für Lehrerbildung in Putbus aufgenommen mit der Zielstellung, als Unterstufenlehrer (Grundschullehrer) ausgebildet zu werden und mit dem Versprechen einer dreijährigen Ausbildung.

Auf Grund des großen Lehrermangels hatte man Bewerber aus allen Schichten bis zum Alter von vierzig Jahren und mit den unterschiedlichsten Schulabschlüssen zu diesem Studium zugelassen (Mittelschule, Abitur an Gymnasium oder Oberschule, Handelsschule, 8. Klasse Volksschule)
So kam es, dass die Niveauunterschiede sehr groß waren und vor allem Ältere, die schon lange die Schule beendet hatten, große Schwierigkeiten hatten, den umfangreichen Lehrstoff zu bewältigen. Um das Niveau etwas anzugleichen, hatten wir Unterricht im Schnellverfahren in den meisten auch an den Schulen gelehrten Fächern, einschließlich Russisch und Englisch, außerdem die für den Lehrerberuf so

wichtigen Fächer Pädagogik, Geschichte der Pädagogik, Psychologie, Didaktik der verschiedenen Unterrichtsfächer der Unterstufe, Sport, Kunsterziehung, Kunstgeschichte und natürlich auch Gegenwartskunde und Marxismus-Leninismus.

Jeder kann es sich wohl vorstellen, dass bei der großen Anzahl von 23 Fächern unsere Stundenpläne randvoll waren.

Unterrichtsstunden, Vorlesungen und Seminare füllten die Vormittage und an manchen Tagen auch den Nachmittag aus, danach waren noch Hausaufgaben zu erledigen. Ich war fast siebzehn und kam ja, wie die meisten der Jüngeren unter uns, frisch von der Schule. Es war wohl anstrengend für uns, aber wir konnten es schaffen. Wir waren noch gewohnt zu lernen. Personen mit schon lange zurückliegenden Schulabschlüssen und solche mit niedriger Schulbildung hatten es wesentlich schwerer. Es gab häufig Leistungskontrollen, deren Ergebnisse mit Schulnoten bewertet wurden. Viele hatten Angst, zu versagen.

In jedem Monat führten die Dozenten eine von den Studenten gefürchtete Beratung durch, die wir „Heimkehrer-Konferenz" nannten, denn am selben Abend erschienen Dozenten während des

Abendessens bei uns im Speisesaal, um uns über die von ihnen getroffenen Entscheidungen zu informieren.

Zuerst las man die Namen einer Reihe von Studenten vor, denen nun mitgeteilt wurde wurde, dass ihre Leistungen nicht den Anforderungen genügt hatten und sie deshalb das Institut verlassen müssten. Das war für die Betreffenden eine schwierige Situation, denn so mancher von ihnen hatte eine Arbeitsstelle aufgegeben oder eine andere Ausbildung abgebrochen, um Lehrer zu werden.

Es wurde dann eine zweite Namensliste vorgelesen. Die hier Genannten wurden ermahnt, ihre Leistungen in den nächsten Wochen zu verbessern, da sie sonst auch heimreisen müssten.

Solche Maßnahmen führten dazu, dass wir alle ziemlich unter Druck standen und viele von uns oft bis weit nach Mitternacht mit Lernen beschäftigt waren.

Als einige Mädchen unserer Seminargruppe den Direktor wegen dieser Belastung ansprachen, antwortete er scherzend: „Aber meine Damen, der Tag hat 24 Stunden, und wenn die nicht reichen, nehmen Sie doch bitte die Nacht dazu!"

Der für das Institut zuständige Arzt äußerte einmal, dass er sich mit dem Gedanken trage, die Behandlung der Studenten abzulehnen, wenn sich nicht bald bessere Studienbedingungen einstellen würden, denn auffällig viele kamen mit Erschöpfungssymptomen zu ihm. Das hatte zur Folge, dass angeordnet wurde, dass nur während der offiziellen Hausaufgabenzeit gelernt und gearbeitet werden sollte und möglichst viel Freizeit an der frischen Luft zu verbringen war. Wir machten davon gern Gebrauch, wenn wir auch so manches Mal mündlichen Lernstoff mit in den Park nahmen und dort lernten.

Schon bald erfuhren wir, dass wir wirklich viel zu wenig Zeit hatten, um uns auf unsere Arbeit an den Schulen gründlich vorzubereiten, denn durch den Zuzug zahlreicher Flüchtlinge am Ende des Krieges und kurz danach war die Schülerzahl an allen Schulen erheblich angestiegen, leider nicht auch in gleichem Maße die Anzahl der Lehrer.

Auf Grund des herrschenden Mangels an Lehrern, hatte man beschlossen, unsere theoretische Ausbildung vorerst bereits im Sommer 1951 zu unterbrechen und uns für ein Jahr zu einem Praktikum in die Schulen zu schicken.

So geschah es dann auch. In dem Praktikum hatten wir praktische Kenntnisse und Fähigkeiten durch selbständiges Unterrichten und Führen einer Klasse zu erwerben. Wir wurden eingesetzt als Klassenleiter mit zwanzig Unterrichtsstunden. Ein ebenfalls an dieser Schule tätiger Lehrer stand uns als Mentor beratend und bewertend zur Seite. Wir hatten bei ihm zu hospitieren und er tat es bei uns. Wir erhielten dafür eine monatliche Vergütung.

Mein Praktikum absolvierte ich in Dranske auf Rügen.
Der Schulleiter persönlich war mein Mentor. Mit starkem Herzklopfen und Minderwertigkeitsgefühlen begann meine Unterrichtstätigkeit. Ich traute mir wohl zu, den Lehrstoff gut zu vermitteln und mit den mir anvertrauten Schülern richtig umzugehen, aber im Hinterkopf war immer der Gedanke, dass die Eltern lieber eine einige Jahre ältere Lehrerin für ihre Kinder gewünscht hätten.
Schließlich war ich erst siebzehneinhalb Jahre alt, als ich eine Klasse übernahm, also genau genommen noch gar nicht erziehungsberechtigt.

Schon als wir noch in Putbus am Institut waren und plötzlich unser Einsatz an den Schulen um ein Jahr vorverlegt worden war, hatte man in der Leitung schnell festgestellt, dass einige Studenten für den Schuleinsatz noch zu jung waren. Etwas musste also geschehen. Es handelte sich um etwa ein Dutzend Studenten, die, ebenso wie ich, zu jung waren. Man rief uns zusammen und eröffnete uns, dass man uns empfehlen möchte, nach Schwerin an die Ausbildungsstätte für künftige Russischlehrer zu wechseln.

Keiner von uns war bereit, diesen Weg zu gehen.

Wir alle waren kurz zuvor noch Schüler gewesen und hatten noch frisch in Erinnerung, wie schwer es die Russischlehrer an den Schulen hatten, denn so kurz nach dem Krieg weckte alles, was mit Russland zu tun hatte, in breiten Kreisen der Bevölkerung negative Erinnerungen und Einstellungen. Also schickte man uns trotz unserer Jugend in das Praktikum.

Es war nicht immer leicht, in der Schule die Anforderungen zu erfüllen, aber wir waren lernfähig und sammelten Erfahrungen. Nach einem Jahr trafen wir uns wieder am Institut für Lehrerbildung, diesmal aber in Güstrow, wo wir nach einem weiteren Jahr unsere Ausbildung mit dem Staatsexamen beendeten.

Hier wurden nach dem absolvierten Praktikum außer uns „Putbusern" auch die „Neuklosteraner" und die

„Güstrower", die bis dahin die gleiche Ausbildung wie wir an ihrer Ausbildungsstätte erhalten hatten, für die letzten zwei Semester zusammengefasst. Es stand uns ein anstrengendes Jahr bevor. Wir hatten zahlreiche Vorlesungen und Seminare zu besuchen, es war eine Fülle an Stoff zu bewältigen. Um nicht zurückzubleiben, mussten wir uns sehr damit befassen.

Viel Freizeit blieb nicht übrig, da alle auch noch an Versammlungen und anderen Veranstaltungen der FDJ und der GST (Gesellschaft für Sport und Technik) teilzunehmen hatten. Z.B. fiel Stalins Tod in diese Zeit, und unsere Bildungsstätte veranstaltete mit allen Dozenten und Studenten einen großen Trauermarsch in Güstrow. Es war selbstverständlich, das man daran teilzunehmen hatte, wenn man nicht krank war. Sogar Ehrenwachen mit Studenten an einer Stalinbüste im Eingangsbereich des Instituts wurden für einige Tage aufgestellt.

Hans und ich hatten uns Pfingsten in Wessin verlobt. Seine Eltern hatten uns ein schönes Fest bereitet. Viele Verwandte haben mitgefeiert. Aber gleich nach Pfingsten mussten wir zurück nach Güstrow zum Institut.

Mein künftiger Schwiegervater meinte es gut und bestellte uns ein Taxi. Wir sollten bequem und rechtzeitig den Crivitzer Bahnhof erreichen.

Es wurde eine Fahrt mit Hindernissen!

Schon nach etwa dreihundert Metern begann der Motor zu stottern. Der Fahrer stieg aus, den Schaden schien er schnell behoben zu haben. Er fuhr los. Doch nach wenigen Metern fing es wieder an. Das wiederholte sich mehrmals. Nun wurden wir auch unruhig, denn wir mussten unbedingt den Zug erreichen, wollten wir nicht im Institut Ärger bekommen. Spätestens um 22 Uhr, mussten alle in ihren Zimmern sein.

Der Taxifahrer fragte, ob Hans eine Fahrerlaubnis habe. Da dies zutraf, durfte er sich nun vorübergehend an das Lenkrad setzen, und der Fahrer setzte sich auf eine Seite der zum Teil hochgeklappten Kühlerhaube und versuchte, die Benzinzufuhr in Fluss zu halten. So kamen wir voran!

Eigentlich sollte Hans vor Crivitz anhalten und den Fahrersitz wieder dem armen Taxifahrer überlassen. Doch aus Sorge, den Zug zu verpassen, fuhr er weiter durch den Ort – mit dem Taxifahrer auf der Kühlerhaube - bis zum Bahnhof. Der Zug fuhr gerade ein. Wir bezahlten schnell und stiegen ein. Wir sahen gerade noch, wie der Chauffeur kurz mit einer Fahrradluftpumpe am Auto hantierte, sich hineinsetzte und losfuhr. Diese Episode erzählen wir noch heute gern!

Als sich dieses Ausbildungsjahr und damit unsere Ausbildung im Frühsommer 1953 dem Ende näherte, bahnten sich in der DDR gerade politische Unruhen an. Für uns war es eine Zeit der mündlichen Prüfungen für unser Staatsexamen mit viel persönlichem Wiederholen und Pauken verschiedener Stoffinhalte. Aber es blieb auch freie Zeit für eigene Interessen übrig, denn es fanden keine Vorlesungen mehr statt.

Hans und ich verbrachten unsere Freizeit natürlich möglichst oft zusammen.
So war es auch am 17. Juni 1953.
An diesem Nachmittag hielten wir uns am nahe gelegenen Inselsee auf, badeten und genossen das herrliche Wetter. Als wir schließlich gegen neunzehn Uhr auf dem Heimweg waren, fielen uns die menschenleeren Straßen auf.
Lediglich eine Gruppe junger, laut diskutierender Burschen war zu sehen, die sich offensichtlich über uns amüsierte, die wir noch ahnungslos auf der Straße entlang spazierten. Kurze Zeit später konnten wir uns das erklären, denn inzwischen war für Güstrow wegen ausgebrochener Unruhen der Ausnahmezustand

verhängt worden, und keiner durfte sich zu dieser Zeit auf der Straße aufhalten.

Wir erreichten unangefochten die Eingangstür unseres Instituts. Die Tür war verschlossen. Ratlos standen wir davor. Schließlich wurde ein Fenster über der Tür geöffnet, und man erklärte uns, dass die Einrichtung aus Sicherheitsgründen geschlossen gehalten würde und wir auf Grund des Ausnahmezustands als nicht anwesend gemeldet worden seien. Bei unseren Mitbewohnern und Mitbewohnerinnen herrschte deshalb helle Aufregung. Nach kurzer Wartezeit wurde uns dann doch gestattet, das Haus zu betreten.

Wie überall in der DDR, gab es auch in Güstrow in jenen Tagen politische Unruhen. Da wir damals wegen der Prüfungen keine Seminare mehr hatten, blieben wir im Wesentlichen von gelenkten Diskussionen verschont, außer in den Parteigruppen wurde nur in kleinen Gruppen, meist auf den Zimmern über die Ereignisse privat debattiert.

Etwas anderes beunruhigte uns mehr. Man sagte uns, das Institut habe sich verpflichtet, die Selbstverteidigung der Einrichtung zu übernehmen.

Wogegen und wie sollten wir uns verteidigen? Wer sollte das Institut angreifen wollen? Jedenfalls wurden Studentennachtwachen eingesetzt, die lediglich mit Luftgewehren den „Feind" bekämpfen sollten. Über die Ereignisse jener Tage erfuhren wir nur die offizielle Darstellung aus den Zeitungen. Wir waren ja auch sehr mit unseren Prüfungsproblemen und -ängsten beschäftigt, sodass wir nicht auf den Gedanken kamen, genauer nachzufragen.

Nach einigen Tagen begann die Normalität wieder.
Fast alle von uns hatten das Examen bestanden. Die praktische Prüfung in Form von drei Unterrichtsstunden in einer der Güstrower Schulen in einer völlig unbekannten Klasse, in der wir lediglich vorher an zwei oder drei Tagen einige Stunden hospitieren durften, hatten wir schon einige Wochen davor absolvieren müssen.

Unsere Ausbildung war beendet!
Das feierten wir natürlich mit einem ausgelassenen Abschlussfest in zahlreichen Räumen des Instituts, sogar das Dozentenzimmer hatte man für diesen Tag in ein Weinrestaurant umgewandelt.

Trotz aller Fröhlichkeit kam bei manchem auch Wehmut auf bei dem Gedanken daran, dass wir nun alle auseinander gehen würden, einer Zukunft entgegen, für die wir alle mit mehr oder weniger Anstrengung gebüffelt hatten und die vielen von uns auch Angst machte. Waren wir doch nicht sicher, wie wir in unserem Beruf an einer fremden Schule bestehen würden.

Aber erst einmal hatten wir Ferien, leider nicht sehr lange, denn wir alle wurden für drei oder vier Wochen in die zentralen Ferienlager der Pioniere geschickt, sozusagen als ein weiteres Praktikum, um dort jeweils eine Pioniergruppe als Gruppenleiter zu betreuen. Einige hatten mehr Glück als wir, denn sie wurden als Sanitätshelfer eingesetzt, so wie auch Hans. Das war nicht so anstrengend und brachte auch mehr Freizeit mit sich, während die Gruppenleiter eigentlich Tag und Nacht im Einsatz waren.

Meine Gruppe bestand aus etwa sechzehn Mädchen zwischen dreizehn und sechzehn Jahren. (Eigentlich war man nur bis vierzehn Pionier, wahrscheinlich hatten sie noch Schuljahre nachzuholen und wurden in ihren Klassen noch als Pioniere geführt.) Die mir nun übertragene Verantwortung für diese zum Teil fast erwachsenen Mädchen überwältigte mich, war ich doch mit nun neunzehn Jahren auch nicht wesentlich älter und erfahrener als sie, und in einem Ferienlager war ich vorher nie gewesen.

Am Tag waren die Pioniere viel beschäftigt. Da fanden Orientierungsspiele im Gelände statt, Schnipseljagd, Sportspiele und Wettkämpfe, Baden, Wandern, Gruppentanz im Freien, usw. Bei allem mussten wir dabei sein.

Jede Gruppe hatte ein 16-Personenzelt mit Strohsäcken auf Holzgestellen. Abends ging es da oft recht lebhaft zu, und wir trauten uns nicht, uns sehr weit zu entfernen, damit der Übermut nicht zu sehr den erlaubten Rahmen sprengte.

Hans und ich hielten uns abends meistens in der Nähe der Zelte auf, um zu verhindern, dass einige Pioniere nachts zu unternehmungslustig wurden. Deshalb wurden unsere Nächte meist recht kurz.

Wir waren erleichtert, als wir nach drei Wochen endlich nach Hause konnten und nun unsere freie Zeit vor dem baldigen Eintritt in den Schuldienst genießen konnten.

Unsere Ausbildung war nun endlich beendet und Mitte August 1953 zogen wir in unseren ersten gemeinsamen Dienstort, nach Klein Grenz im damaligen Kreis Bützow.

Uns erwartete ein sehr altes, reparaturbedürftiges Schulhaus. Hier würden wir nun künftig gemeinsam als Lehrer für die Klassen 1 bis 4 arbeiten. Nicht nur unser Arbeitsleben begann hier, sondern mit unserer Hochzeit im Oktober auch unser gemeinsames Familienleben.

Ich war angekommen in Mecklenburg.